AF649536

Von Blume
zu
Blume
Von Stern hin
zu
Stern
Alte und neue Kinderverse
Illustriert von
Angela Kočonda

Blauer Himmel junge Welt, Frühlingsgrün auf Wald und Feld,
Aus der Luft der Lerche Schall, Blumen, Blumen überall!

Hutsch he! hutsch he!
Der Ackermann säet,
Die Vögelein singen,
Die Kernlein zerspringen,
Hutsch he! hutsch he!

Tripp tripp trapp,
Eslein auf und ab,
Trägt die Säcke
groß und klein,
In die Mühle gleich hinein.

Muh, muh, muh,
So spricht die Kuh,
Sie gibt uns Milch und Butter,
Wir geben ihr das Futter.
Muh, muh, muh,
So spricht die Kuh.

Die Gänse gackern
gar so laut.
Der Gänserich mit seiner Braut,
Er geht voran,
die andern schrein.
Da wird wohl
Gänsehochzeit sein.

Alfred Baur

Renne,
renne,
gute Henne,
Gackeleia,
Lege Eier,
Sagt dein Mann
Gockelhahn.

Alfred Baur

Komm, mein rotes Rösslein schnelle
Über dieses Stalles Schwelle!
Galoppieren wir geschwind
Um die Wette mit dem Wind!

Ruth Dubach

Ich schaukle voll Wonne,
Mein Pferdchen mit dir!
Uns lacht ja die Sonne,
Wir schwingen mit ihr
Von Blume zu Blume,
Von Stern hin zu Stern – –
Mein goldiges Pferdchen,
Ich hab' dich so gern!

Ruth Dubach

Silberschimmel, Silberschimmel,
Lass mich fahren bis zum Himmel
Nimm die hellen Silberflügel,
Heb mich über Tal und Hügel,
In die Wolken, in die Fernen
Zu den hellen Glitzersternen
Silberschimmel, flieg empor,
Dass ich komm ans Himmelstor.

Friedrich Behrmann

O sage, kennst du meinen Leu?
Der ist so groß, so stark, so treu,
Und seine Mähne leuchtet hell,
Ja, wie die Sonne glänzt sein Fell!
Ich lieb ihn und hab keine Scheu – –
Lern ihn nur kennen, meinen Leu!
Ruth Dubach

Kind komm mit mir ins Märchenland,
Zu deinem Lebensbaum.
Der wächst auf goldnem Sternensand –
Du siehst ihn nur im Traum.

Ein Lämmchen springt herbei und will
Von dir gestreichelt werden.
Ein Meischen fliegt mit Silbertrill
Hin zu den Lämmerherden.

Und sieh! Ein großer Schmetterling
Flattert aus deinem Baum,
Und setzt sich – –
sing, mein Kindchen, sing! –
Auf deiner Kleider Saum.

Ganz leise gehn wir wieder fort
Und lieben Lamm und Meise,
Gut merken wollen wir den Ort,
Für unsre nächste Reise.

Dora Baker

Schau dort den Regenbogen,
Das Siebenfarben-Tor!
Ein Täubchen kommt geflogen
Und flüstert in dein Ohr:

"Ich bring dir viele Grüße
Aus meinem Taubenland!"
Und setzt die kleinen Füße
Ganz zart auf deine Hand.

Jetzt ist es weggeflogen,
Und Frühlingslüfte wehn.
Blass wird der Regenbogen –
Du rufst: "Auf Wiedersehn!"
Dora Baker

Spannenlanger Hansel,
Nudeldicke Dirn,
Gehn wir in den Garten,
Schütteln wir die Birn!

Schüttel ich die großen,
Schüttelst du die klein'
Wenn das Säcklein voll ist,
Gehn wir wieder heim.

"Lauf doch nicht so närrisch,
Spannenlanger Hans!
Ich verlier die Birnen
Und die Schuh noch ganz."

"Trägst ja nur die kleinen,
Nudeldicke Dirn,
Und ich schlepp den schweren
Sack voll großer Birn."

Ei, was schwirrt da so leicht,
Ei, was schwebet heran,
Mit dem Mondflügelkleid
Auf dem Tauwiesen-Plan?
Sind die Elfen im Chor,
Die geflügelte Schar,
Mit den silbernen Schuh
Mit dem Goldlockenhaar.
Marguerite Lobeck

Ich hab zwei grüne Söckchen,
Ein dunkelrotes Röckchen,
Ein Mützchen mit drei Glöckchen:
Kling, kling, kling!
Und tanz ich in den Söckchen,
Und dreh ich mich im Röckchen,
Dann klingen meine Glöckchen:
Kling, kling, kling!
Hedwig Diestel
Schau, schau, schau,
Vom Heinzelmann die Frau
Vom Heinzelmann das Kind,
Hei, die sind geschwind.
Husch, husch, husch!
Sie schlüpfen in den Busch,
Heinzelmann und Heinzelfrau,
Hei, die sind schlau.
Alfred Baur

Di-tipp,
di-tapp
der Kater,
Ein guter
Katzenvater,
Ein Vater
vieler Katzen,
Der tappt mit seinen Tatzen
Di-tipp, di-tapp
Die Stiege hinab.
Alfred Baur
Es tanzt
ein Bi-Ba-Butzemann
In unserm Haus herum,
Er rüttelt sich, er schüttelt sich
Er wirft sein Säcklein hinter sich
Es tanzt ein Bi-Ba-Butzemann
In unserm Haus herum.

Die Sonne gehet früh schon unter,
Die Sommervöglein fliegen fort.
Die Winterspatzen kommen munter
Zum Fenster, zum geschützten Ort.
Dort streu ich ihnen alle Krumen
Von meinem braunen Frühstücksbrot.
Dann mal ich viele Sommerblumen
In Gelb und Blau, Orange und Rot.
Und sage mir: "Sie kommen wieder!"
Und singe ihnen meine Lieder.
Dora Baker

Am Abend die Rehlein
Auf der Wiese am Wald,
Die haben braune Äuglein,
Die sieht's Kindlein bald.

Die Sonne, die streichelt
Die Fellchen ganz sacht
Und sagt den Rehlein
Gute Nacht, gute Nacht.

Gerlind Zaiser

Licht in der Laterne,
Dich hab ich so gerne.
Rotes, gelbes, blaues Haus.
Lichtlein, Lichtlein,
geh nicht aus.
Ein brauner Bär,
Der brummt
im Wald.
Warum?
Dem braunen Bären
Ist so kalt,
Darum.
Alfred Baur

Träum, Kindlein, träum!
Im Garten stehn zwei Bäum.
Der eine, der trägt Sternlein,
Der andre Mondenhörnlein.
Da kommt der Wind der Nacht
gebraust —
Und schüttelt die beiden mit
rauer Faust.
Das Mondenhörnleinbäumlein steht
als wäre gar kein Wind, der weht.
Dem Sternenbäumlein aber, ach,
Dem fallen zwei Sternlein in der
Bach.
Da kommen zwei Fischlein munte
Und schlucken die Sternlein
hinunter.
Und hätte es nicht sterngeschnup
So wären sie nicht so schön ge-
schuppt.
Träum, Kindlein, träum,
Im Garten stehn zwei Bäum..
Der eine, der trägt Sternlein,
Der andre Mondenhörnlein...
Träum, Kindlein, träum...
Christian Morgenstern

Es kommt ein weißes Schaf
Und bäht: Tita, schlaf,
Schlaf ein, dann führst
im Sternenland
Das Schäfchen du
am blauen Band
Bis an des Himmels Rand.
Schlaf, Tita, schlaf,
Schon kommt
das weiße Schaf.

Dora Baker

Weiß ein Gärtlein klein
Wird dein Herzlein sein
Fällt vom Stern ein Leuchten drauf
Blüht darin ein Röslein auf.
Annemarie Schwabe